Yaourts
& fromages frais

Valéry Drouet
Photographies de Pierre-Louis Viel

Albums
LAROUSSE

Sommaire

LES YAOURTS

LES FROMAGES FRAIS

RECETTES À BASE DE FROMAGES MAISON

Le plaisir de faire ses yaourts

Rien de plus facile que de fabriquer ses yaourts à la maison. Il suffit de mélanger du lait chauffé à environ 40 °C avec un ferment lactique et de maintenir cette température pendant un certain temps. À 40 °C, les bactéries qui constituent le ferment se reproduisent très vite et transforment une partie du sucre contenue dans le lait (lactose) en acide lactique. C'est cet acide lactique qui fait coaguler le lait en modifiant sa consistance et en lui conférant le goût légèrement acide, propre au yaourt.

Maîtriser la température

Pour obtenir de bons résultats, il est très important de respecter la température du lait. Si elle se situe en dessous de 40 °C, la fermentation de la culture de yaourt sera trop faible et les yaourts resteront liquides ; au-dessus de 45 °C, la fermentation risque d'être stoppée par la chaleur. C'est pour cela qu'il est nécessaire de prendre la température du lait avec un thermomètre approprié.

Quel ferment utiliser ?

Le ferment lactique le plus simple à intégrer dans la recette est un yaourt du commerce. Les yaourts issus de votre production maison peuvent aussi servir à ensemencer le lait pour 3 ou 4 tournées, mais pas davantage, car ensuite la fermentation ne fera plus effet correctement ; vous vous en rendrez compte : les yaourts auront du mal à se solidifier après leur passage en yaourtière. Il existe aussi des ferments lactiques spéciaux vendus en pharmacie, et même dans les supermarchés.

Choisir le lait

Utilisez de préférence du lait de vache entier (et bio), car il permet d'obtenir des yaourts bien crémeux. Avec du lait demi-écrémé, les yaourts seront plus liquides, moins onctueux. Le lait écrémé est à déconseiller. Les laits de brebis et de chèvre donnent également de très bons résultats ; le lait de chèvre est d'ailleurs recommandé pour des estomacs fragiles, car plus facile à digérer que le lait de vache. Le lait de soja permet également de préparer les yaourts.

Si vous choisissez du lait pasteurisé ou du lait de ferme frais, il faudra le porter à ébullition, puis le tiédir à la température de 40 °C, avant d'y ajouter le ferment lactique. Un lait UHT n'a pas besoin d'être bouilli.

Lancer une tournée dans la yaourtière

Une fois le lait mélangé au ferment, placez les pots remplis, sans leur couvercle, dans la yaourtière posée sur un plan de travail bien plat, et branchez l'appareil. Ne bougez surtout pas la yaourtière pour ne pas perturber la fermentation. Ne soulevez pas non plus son couvercle, cela provoquerait un changement de température.

Le refroidissement progressif arrête la fermentation. Après le passage dans la yaourtière, placez les couvercles sur les pots, puis mettez ceux-ci au réfrigérateur pendant quelques heures (entre 6 et 8 heures) avant de les déguster. Les yaourts maison se conservent 4 ou 5 jours dans le réfrigérateur.

Parfumer ou enrichir les yaourts

Vous pouvez sucrer ou non les yaourts et les accommoder à votre guise, avec de la confiture, du miel, du pralin, du chocolat, etc. Si vous souhaitez ajouter des fruits, tenez compte de leur acidité, car elle risque parfois de faire tourner les yaourts. Pour parer à cet inconvénient, il est préférable d'enrober les fruits de sucre avant de les mettre dans les pots.

Classique, le yaourt à la confiture changera de parfum selon votre envie du moment.

Yaourt à la confiture

PRÉPARATION : 10 MIN
FERMENTATION : 8 H

POUR 8 À 10 YAOURTS

- > 125 g de yaourt nature
- > 1 litre de lait entier
- > 200 g de confiture de différents parfums (fruits rouges, mangue, abricots, lemon curd, etc.)

Dans un bol, mélangez le yaourt avec 5 cl de lait. Faites chauffer le reste du lait dans une casserole jusqu'à ce qu'il atteigne entre 40 et 45 °C. Versez le contenu du bol dans la casserole et mélangez.

Répartissez les confitures dans les pots ; comptez environ 1 cuillerée à soupe par pot.

Versez le lait dans les pots et placez ceux-ci dans la yaourtière. Mettez l'appareil en marche pendant 8 heures.

Une fois les yaourts prêts, posez les couvercles sur les pots. Placez les yaourts au réfrigérateur pour quelques heures avant de les déguster.

Variante : Pour remplacer les confitures, préparez vous-même un orange curd. Dans une casserole, rassemblez 2 œufs, 1 jaune d'œuf, 25 cl de jus d'orange, 70 g de sucre en poudre, 20 g de beurre et un peu de zeste d'orange râpé. Mélangez et faites cuire en remuant sans cesse pendant 15 à 20 minutes à feu très doux, sans laisser bouillir. Versez l'orange curd dans un pot à confiture. Laissez-le refroidir avant de l'utiliser.

Une recette qui associe la douceur du chocolat blanc et le croquant des pistaches enrobées de caramel.

Yaourt au chocolat blanc et aux pistaches

PRÉPARATION : 15 MIN
CUISSON DU CARAMEL : 10 MIN
FERMENTATION : 8 H

POUR 8 À 10 YAOURTS

> 70 g de pistaches non salées
> 80 g de sucre en poudre
> 160 g de chocolat blanc
> 125 g de yaourt nature
> 90 cl de lait entier

Concassez les pistaches. Dans une casserole, faites cuire le sucre avec 2 cuillerées à soupe d'eau pendant 10 minutes, à feu moyen, pour obtenir un caramel légèrement brun. Hors du feu, ajoutez les pistaches et remuez à l'aide d'une spatule. Versez le mélange sur une feuille de papier sulfurisé et laissez-le refroidir. Hachez ensuite ces pistaches au couteau. Concassez le chocolat blanc et faites-le fondre au bain-marie ou au micro-ondes.

Dans un bol, mélangez le yaourt avec 5 cl de lait. Faites chauffer le reste du lait dans une casserole jusqu'à ce qu'il atteigne entre 40 et 45 °C. Versez le contenu du bol dans la casserole, puis ajoutez le chocolat fondu en mélangeant.

Versez le lait au chocolat et la moitié des pistaches au caramel dans les pots et placez ceux-ci dans la yaourtière. Mettez l'appareil en marche pendant 8 heures. Une fois les yaourts prêts, posez les couvercles sur les pots. Placez les yaourts au réfrigérateur pour quelques heures avant de les déguster. Au moment de servir, répartissez le reste des pistaches à la surface des yaourts.

Variante : Une fois refroidies, les pistaches au caramel peuvent être broyées dans un robot. On obtient alors une pâte de pistache que vous pourrez mélanger avec le yaourt.

Ce yaourt est une véritable gourmandise.
S'il n'est pas destiné aux enfants, vous pourrez l'arroser avec de la crème de cassis.

Yaourt aux myrtilles et aux nonnettes

PRÉPARATION : 15 MIN
CUISSON DES MYRTILLES : 5 OU 6 MIN
FERMENTATION : 8 H

POUR 8 À 10 YAOURTS

> 180 g de myrtilles
> 90 g de sucre en poudre
> 90 cl de lait demi-écrémé
> 125 g de yaourt nature
> 4 grosses nonnettes classiques ou nonnettes aux myrtilles

Faites cuire les myrtilles avec le sucre et 2 cuillerées à soupe d'eau dans une poêle, pendant 5 ou 6 minutes, à feu vif, en remuant. Laissez-les tiédir.

Dans un bol, mélangez le yaourt avec 5 cl de lait. Faites chauffer le reste du lait dans une casserole jusqu'à ce qu'il atteigne entre 40 et 45 °C. Hors du feu, ajoutez les myrtilles et leur sirop de cuisson, puis mixez brièvement l'ensemble à l'aide d'un mixeur plongeant. Incorporez la préparation au yaourt.

Émiettez les nonnettes et répartissez-les au fond des pots. Versez dessus le mélange aux myrtilles et placez les pots dans la yaourtière. Mettez l'appareil en marche pendant 8 heures.

Une fois les yaourts prêts, posez les couvercles sur les pots. Placez les yaourts au réfrigérateur pour quelques heures avant de les déguster.

Variante : En saison, vous pouvez remplacer les myrtilles par des mûres.

Variez les fruits au gré des saisons et de vos envies. Pour ajouter du croquant, recouvrez les yaourts d'une pâte à crumble cuite au four juste avant de les déguster.

Yaourt crémeux de lait de brebis à la vanille et aux kiwis

PRÉPARATION : 30 MIN

FERMENTATION : 8 H

POUR 8 À 10 YAOURTS

- > 3 kiwis
- > 80 g de sucre en poudre
- > 125 g de yaourt nature au lait de brebis
- > 80 cl de lait de brebis
- > 20 cl de crème liquide à 20 % de matière grasse
- > 1 gousse de vanille

Épluchez les kiwis et coupez-les en petits morceaux. Mélangez-les avec la moitié du sucre et laissez-les macérer 15 minutes, puis égouttez-les dans une passoire.

Dans un bol, mélangez le yaourt avec 5 cl de lait. Dans une casserole, mélangez le reste du lait avec la crème. Fendez la gousse de vanille en deux et grattez les graines au-dessus de la casserole, puis ajoutez-y la gousse. Faites chauffer jusqu'à ce que le mélange atteigne entre 40 et 45 °C. Incorporez-y le contenu du bol.

Répartissez les morceaux de kiwis au fond des pots, puis versez dessus la préparation vanillée. Placez les pots dans la yaourtière et mettez l'appareil en marche pendant 8 heures.

Une fois les yaourts prêts, posez les couvercles sur les pots. Placez les yaourts au réfrigérateur pour quelques heures avant de les déguster. Consommez-les dans les 2 jours, car les kiwis vont peu à peu rendre leur jus.

Conseil : Il est important de bien égoutter les morceaux de kiwis au risque de retrouver tout le jus au fond des pots.

Vous pouvez remplacer les poires par des pommes golden et ajouter 2 pincées de gingembre en poudre en plus de la cannelle.

Yaourt aux poires et à la cannelle

PRÉPARATION : 15 MIN

FERMENTATION : 8 H

CUISSON DES POIRES : 15 MIN

POUR 8 À 10 YAOURTS

> 2 petites poires
> 20 g de beurre
> 60 g de cassonade
> 125 g de yaourt nature
> 80 cl de lait entier
> 1/2 cuill. à café de cannelle en poudre

Épluchez les poires, coupez-les en petits morceaux. Faites-les fondre dans une poêle avec le beurre pendant 8 à 10 minutes, à feu moyen. Ajoutez la cassonade et faites caraméliser pendant 5 minutes, puis laissez les poires refroidir.

Dans un bol, mélangez le yaourt avec 5 cl de lait. Dans une casserole, faites chauffer le reste du lait avec la cannelle jusqu'à ce qu'il atteigne entre 40 et 45 °C. Versez le contenu du bol dans la casserole et mélangez.

Répartissez les poires caramélisées et leur jus de cuisson au fond des pots. Versez dessus le lait à la cannelle. Placez les pots dans la yaourtière et mettez l'appareil en marche pendant 8 heures.

Une fois les yaourts prêts, posez les couvercles sur les pots. Placez les yaourts au réfrigérateur pour quelques heures avant de les déguster. Vous pouvez les servir avec des tuiles de caramel.

Tuiles de caramel au sésame : Faites un caramel clair avec 70 g de sucre et 4 cuillerées à soupe d'eau. Incorporez-y 1 cuillerée à soupe de graines de sésame noir. Sur une feuille de papier sulfurisé, versez avec précaution, directement de la casserole, des portions de caramel équivalant à 1 cuillerée à café (environ 3 cm de diamètre). Laissez durcir 15 minutes, puis décollez délicatement les tuiles.

Voici un yaourt qui suscitera forcément l'enthousiasme des enfants, trop contents de trouver des friandises dans un simple yaourt !

Yaourt au chocolat au lait et aux Michoko®

PRÉPARATION : 10 MIN
FERMENTATION : 8 H

POUR 8 À 10 YAOURTS

> 150 g de chocolat au lait
> 10 bonbons Michoko®
> 125 g de yaourt nature
> 90 cl de lait demi-écrémé

Concassez le chocolat au lait et faites-le fondre au bain-marie ou au micro-ondes. Hachez finement les Michoko®.

Dans un bol, mélangez le yaourt avec 5 cl de lait. Faites chauffer le reste du lait dans une casserole jusqu'à ce qu'il atteigne entre 40 et 45 °C. Hors du feu, ajoutez le chocolat fondu puis le contenu du bol. Mélangez délicatement à l'aide d'une spatule.

Répartissez les Michoko® hachés au fond des pots, puis versez le lait chocolaté. Placez les pots dans la yaourtière. Mettez l'appareil en marche pendant 8 heures.

Une fois les yaourts prêts, posez les couvercles sur les pots. Placez les yaourts au réfrigérateur pour quelques heures avant de les déguster. Vous pouvez les accompagner de tuiles au chocolat.

Tuiles au chocolat au lait praliné : Hachez 100 g de chocolat au lait et faites-le fondre au bain-marie ou au micro-ondes. Ajoutez 40 g de pralin en poudre. Déposez de petites cuillerées de ce mélange sur une feuille de plastique rigide (à défaut, utilisez du papier sulfurisé), couvrez d'une autre feuille de plastique, puis aplatissez avec le fond d'un verre. Laissez durcir au réfrigérateur pendant 1 heure, en recourbant les feuilles en forme de tuile (ou simplement en les posant à plat). Ensuite retirez délicatement les feuilles de plastique.

Qui aurait pensé que le pralin s'accorderait avec la saveur acidulée d'un yaourt ? L'alliance est pourtant très réussie, et ce yaourt, dégusté avec les cigarettes de brick bien croustillantes, devient un petit dessert raffiné.

Yaourt au pralin

PRÉPARATION : 10 MIN

FERMENTATION : 8 H

POUR 8 À 10 YAOURTS

> 125 g de yaourt nature
> 1 litre de lait entier
> 200 g de pralin légèrement épais (chez votre boulanger ou en bocal en épicerie fine)

Dans un bol, mélangez le yaourt avec 5 cl de lait et 50 g de pralin. Faites chauffer le reste du lait dans une casserole jusqu'à ce qu'il atteigne entre 40 et 45 °C. Versez le contenu du bol dans la casserole et mélangez.

Répartissez le reste du pralin au fond des pots, puis versez le lait. Placez les pots dans la yaourtière et mettez l'appareil en marche pendant 8 heures.

Une fois les yaourts prêts, posez les couvercles sur les pots. Placez les yaourts au réfrigérateur pour quelques heures avant de les déguster en les accompagnant, par exemple, de cigarettes en feuille de brick.

Cigarettes de brick à la cannelle : Roulez finement les feuilles de brick préalablement saupoudrées de sucre et de cannelle. Maintenez-les avec un cure-dent, puis faites-les dorer 3 minutes au four préchauffé à 210 °C (therm. 7).

Préparez vous-même le pralin : Faites cuire 100 g de sucre avec 5 cl d'eau pour obtenir un caramel légèrement brun. Ajoutez-y 100 g de noisettes ou d'amandes entières (avec leur peau). Mélangez délicatement et rapidement avec une spatule en bois. Étalez la préparation sur une feuille de papier sulfurisé, laissez refroidir au moins 30 minutes, puis broyez le tout dans un robot pour obtenir une sorte de pâte.

Si vous avez choisi des fruits rouges à l'acidité élevée, par exemple les groseilles, doublez la dose de sucre pour la cuisson.

Yaourt de lait de chèvre aux fruits rouges

PRÉPARATION : 10 MIN

FERMENTATION : 8 H

CUISSON DES FRUITS : 10 MIN

POUR 8 À 10 YAOURTS

- > 250 g de mélange de fruits rouges surgelés
- > 80 g de sucre en poudre
- > 1 yaourt au lait de chèvre
- > 1 litre de lait de chèvre

Mettez les fruits rouges et le sucre dans une casserole et faites-les cuire de 8 à 10 minutes à feu vif en remuant. Laissez-les refroidir.

Dans un bol, mélangez le yaourt avec 5 cl de lait. Faites chauffer le reste du lait dans une casserole jusqu'à ce qu'il atteigne entre 40 et 45 °C. Versez le contenu du bol dans la casserole et mélangez.

Répartissez la moitié des fruits rouges avec un peu de sirop de cuisson au fond des pots, puis versez le lait. Placez les pots dans la yaourtière et mettez l'appareil en marche pendant 8 heures.

Une fois les yaourts prêts, posez les couvercles sur les pots. Placez les yaourts au réfrigérateur pour quelques heures avant de les déguster. Servez-les avec le reste de la compotée de fruits rouges que vous pourrez faire tiédir au dernier moment.

Conseil : En saison, utilisez des fruits rouges frais, framboises, cassis, groseilles, myrtilles, mais faites-les cuire très rapidement, entre 4 et 5 minutes.

Qui arrivera le premier jusqu'à la confiture de lait au fond du pot ?

Yaourt à la confiture de lait

PRÉPARATION : 10 MIN

FERMENTATION : 8 H

POUR 8 À 10 YAOURTS

> 125 g de yaourt nature
> 90 cl de lait entier
> 220 g de confiture de lait (chez le crémier ou en pot en grande surface)

Dans un bol, mélangez le yaourt avec 5 cl de lait. Faites chauffer le reste du lait dans une casserole jusqu'à ce qu'il atteigne entre 40 et 45 °C. Ajoutez dans ce lait tiédi 50 g de confiture de lait, mélangez, puis incorporez délicatement le contenu du bol.

Répartissez le reste de confiture de lait au fond des pots, puis versez le lait. Placez les pots dans la yaourtière. Mettez l'appareil en marche pendant 8 heures.

Une fois les yaourts prêts, posez les couvercles sur les pots. Placez les yaourts au réfrigérateur pour quelques heures avant de les déguster. Ils seront délicieux accompagnés de petits sablés.

Petits sablés au beurre demi-sel : Malaxez ensemble 100 g de beurre demi-sel, 50 g de sucre glace, 125 g de farine et 1 jaune d'œuf. Laissez reposer la pâte 1 heure au réfrigérateur avant de l'étaler finement. Taillez-y des petits ronds et déposez-les sur une plaque recouverte de papier sulfurisé. Faites-les cuire de 8 à 10 minutes au four préchauffé à 180 °C (therm. 6).

Variante : Remplacez la confiture de lait par du caramel laitier.

Ce yaourt est parfumé avec le zeste du citron vert et non avec son jus ; ce dernier risquerait de faire cailler le lait avant même que celui-ci ne se transforme en yaourt.

Yaourt au citron vert et rochers coco

PRÉPARATION : 10 MIN
FERMENTATION : 8 H

POUR 8 À 10 YAOURTS

- > 10 cl de lait de coco
- > 80 g de sucre en poudre
- > 1 citron vert
- > 125 g de yaourt nature
- > 90 cl de lait entier
- > 5 petits ou 2 gros rochers à la noix de coco (chez le pâtissier ou en épicerie fine)
- > 2 cuill. à soupe de noix de coco râpée

Dans une casserole, faites frémir le lait de coco avec le sucre. Hors du feu, râpez finement le zeste du citron vert au-dessus de la casserole ; laissez infuser et refroidir.

Dans un bol, mélangez le yaourt avec 5 cl de lait. Faites chauffer le reste du lait dans une casserole jusqu'à ce qu'il atteigne entre 40 et 45 °C. Filtrez le lait de coco, mélangez-le avec le lait tiédi et le contenu du bol.

Émiettez les rochers à la noix de coco au fond des pots, puis versez le lait parfumé. Placez les yaourts dans la yaourtière. Mettez l'appareil en marche pendant 8 heures.

Une fois les yaourts prêts, posez les couvercles sur les pots. Placez les yaourts au réfrigérateur pour quelques heures avant de les déguster.

Faites griller la noix de coco râpée pendant 2 ou 3 minutes dans une poêle très chaude, puis laissez-la refroidir. Au moment de servir, parsemez-en la surface des yaourts.

Faites vous-même les rochers à la noix de coco : Mélangez 60 g de sucre, 60 g de noix de coco râpée et 1 œuf entier. Formez des petites boules avec vos mains et déposez-les sur une plaque recouverte de papier sulfurisé. Faites-les cuire de 10 à 12 minutes au four préchauffé à 180 °C (therm. 6). Laissez-les refroidir avant de les utiliser.

Préparer des fromages frais à la maison

La fabrication des fromages maison est aussi simple que celle des yaourts, mais la fermentation est plus longue. Les éléments de base sont les mêmes que pour les yaourts : du lait et un ferment lactique, parfois aussi de la présure.

Il existe désormais des fromagères, semblables aux yaourtières, mais les recettes de fromages contenues dans cet ouvrage se préparent sans cet appareil.

Le choix du lait

Choisissez un bon lait entier, bio de préférence, pasteurisé ou de ferme. Avant de l'utiliser, faites-le bouillir puis refroidir. Comme pour les yaourts, si vous utilisez du lait écrémé, le résultat sera moins satisfaisant.

Les ferments et leur dosage

Pour fabriquer un fromage, il faut ajouter au lait un ferment lactique et/ou de la présure. Cela provoque le caillage du lait dont les parties solide et liquide se séparent pour donner du caillé et du lactosérum, appelé « petit-lait ».

Les ferments lactiques sont apportés sous forme de petit-suisse ou de yaourt ; on peut aussi utiliser du petit-lait d'une tournée précédente, mais il faudra le renouveler au bout de deux ou trois fois.

La présure, vendue en petit flacon dans les pharmacies, est une enzyme digestive provenant de l'estomac du veau. Elle sert à l'animal, non sevré, à faire cailler le lait dans son estomac. On peut la remplacer par du jus de citron ou par du vinaigre blanc (mais celui-ci confère au fromage un goût particulier). Enfin, il existe aussi de la présure chimique.

En général, pour 1 litre de lait, la dose de présure est de 5 ou 6 gouttes, ce qui correspond aussi au jus de 1 petit citron ou encore à 3 cl de vinaigre. Plus vous en mettrez, et plus le lait va cailler et être acide.

Les étapes de fabrication

1. Faites chauffer le lait à une température précise (propre à chaque recette de fromage).
2. Incorporez le ferment lactique préalablement mélangé avec un peu de lait et, si la recette le prévoit, ajoutez la présure (ou du jus de citron ou du vinaigre blanc). Remuez délicatement, très peu si vous avez ajouté de la présure.
3. Laissez le lait cailler entre 24 et 48 heures à température ambiante (20 °C au minimum). Dans un endroit trop froid, la présure et le ferment lactique n'agiraient pas correctement.
4. Égouttez le lait caillé. Cette étape est plus ou moins longue selon le type de fromage, et aussi selon que l'on veut obtenir un fromage plus ou moins sec. Utilisez une passoire étamine très fine ou une passoire classique que vous chemiserez d'une mousseline, un tissu fin qui sert aussi à filtrer les gelées. L'égouttage se fait au-dessus d'un récipient capable de recevoir le liquide filtré, placé au réfrigérateur.

Combien de fromage ?

Pour 1 litre de lait, vous obtiendrez après égouttage environ 400 g de fromage frais, s'il s'agit d'un fromage mélangé avec de la crème, un peu moins pour un fromage sans crème.

La conservation

Comme les yaourts, les fromages sont des produits frais, donc fragiles. N'étant pas conservés sous vide d'air ni avec l'hygiène des fromagers professionnels, ils doivent être consommés de préférence dans les 3 jours suivant leur fabrication. Il est indispensable d'utiliser des ustensiles d'une propreté irréprochable pour que les mauvais pathogènes ne se développent pas.

Pour réaliser plus facilement cette faisselle et ensuite la conserver dans son petit-lait, récupérez des pots de faisselle avec égouttoir vendus dans le commerce.

Faisselle

PRÉPARATION : 10 MIN

REPOS : 48 H

ÉGOUTTAGE : 12 H

POUR 300 À 400 G DE FAISSELLE

> 1 petit-suisse (60 g)
> 1 litre de lait entier pasteurisé
> 6 gouttes de présure

Dans un bol, mélangez le petit-suisse avec 5 cl de lait. Faites chauffer le reste du lait dans une casserole jusqu'à ce qu'il atteigne entre 35 et 40 °C. Hors du feu, incorporez le contenu du bol. Ajoutez la présure et mélangez délicatement, et peu, à l'aide d'une spatule. Couvrez la casserole d'un linge et laissez le lait reposer 48 heures à température ambiante.

Versez le lait caillé dans une passoire tapissée d'une mousseline. Laissez-le ensuite s'égoutter pendant 12 heures au réfrigérateur.

Cette faisselle se conserve 3 jours dans le réfrigérateur. Pour qu'elle reste bien humide, laissez-la tremper dans une partie de son petit-lait ; vous terminerez son égouttage au moment de la consommer.

Ce délicieux fromage frais peut être dégusté avec du sucre, du miel, une bonne confiture (comme, ici, celle de myrtilles) ou tout autre accompagnement, selon votre envie du moment.

Fromage frais à tartiner

PRÉPARATION : 10 MIN

REPOS ET ÉGOUTTAGE : 12 H + 4 H

POUR 400 G DE FROMAGE FRAIS

> 1 petit-suisse (60 g)
> 1 litre de lait entier pasteurisé
> 1 cuill. à café de sel fin
> 5 cl de jus de citron
> 150 g de crème fraîche épaisse

Dans un bol, mélangez le petit-suisse avec 5 cl de lait. Faites chauffer le reste du lait avec le sel dans une casserole jusqu'à ce qu'il atteigne 45 °C. Laissez tiédir à 40 °C. Ajoutez le contenu du bol et le jus de citron ; mélangez délicatement. Couvrez la casserole d'un linge et laissez le lait reposer 12 heures à température ambiante. Versez le lait caillé dans une passoire tapissée d'une mousseline et laissez-le s'égoutter 4 heures. Mélangez le fromage égoutté avec la crème. Réservez au frais.

Fromage frais à l'ail et aux fines herbes

PRÉPARATION : 10 MIN

POUR 400 G DE FROMAGE FRAIS

> 3 gousses d'ail
> 1 bouquet de ciboulette
> 2 branches de cerfeuil
> 2 branches d'estragon
> 400 g de fromage frais à tartiner maison
> poivre du moulin

Pelez les gousses d'ail et retirez leur germe, puis hachez-les finement. Lavez les herbes, épongez-les, puis ciselez-les.

Mélangez le fromage avec l'ail et les herbes, puis donnez quelques tours de moulin à poivre. Servez frais, avec de petits pains toastés et frottés à l'ail.

Fromage frais aux noix et aux raisins

PRÉPARATION : 10 MIN

POUR 400 G DE FROMAGE FRAIS

> 90 g de cerneaux de noix
> 50 g de raisins secs moelleux
> 400 g de fromage frais à tartiner maison
> 2 cuill. à soupe de porto rouge
> poivre du moulin

Concassez les noix et hachez grossièrement les raisins secs. Mélangez le fromage avec les noix et les raisins secs, ajoutez le porto et donnez quelques tours de moulin à poivre. Servez frais, avec du pain aux noix ou aux fruits secs.

Fromage frais aux olives et aux tomates confites

PRÉPARATION : 10 MIN

POUR 400 G DE FROMAGE FRAIS

> 90 g d'olives noires
> 60 g de tomates confites
> 4 feuilles de basilic
> 400 g de fromage frais à tartiner maison
> 2 cuill. à soupe d'huile d'olive

Dénoyautez, puis hachez les olives. Hachez les tomates confites. Lavez et ciselez le basilic. Mélangez le fromage avec les olives, les tomates et le basilic, puis incorporez l'huile d'olive. Servez frais, sur une ciabatta ou avec une fougasse aux olives.

Fromage blanc

PRÉPARATION : 10 MIN

REPOS : 48 H

ÉGOUTTAGE : 6 H

POUR 500 À 600 G DE FROMAGE BLANC

> 2 petits-suisses (120 g)
> 1 litre de lait entier pasteurisé
> 5 cl de jus de citron ou 6 gouttes de présure
> 200 g de crème fraîche épaisse

Dans un bol, mélangez les petits-suisses avec 5 cl de lait. Faites chauffer le reste du lait dans une casserole jusqu'à ce qu'il atteigne 40 °C. Hors du feu, ajoutez le contenu du bol, puis le jus de citron (ou la présure) ; mélangez délicatement, et peu, à l'aide d'une spatule. Couvrez la casserole d'un linge et laissez le lait reposer 48 heures à température ambiante.

Versez le lait caillé dans une passoire tapissée d'une mousseline. Laissez-le s'égoutter pendant 6 heures au réfrigérateur.

Mettez le caillé dans un grand récipient et fouettez-le vivement. Ajoutez la crème fraîche et mélangez encore au fouet. Ce fromage blanc se conserve au frais pendant 3 jours. Dégustez-le nature ou avec de la cassonade, du coulis de fruits rouges, etc.

Conseil : Pour un fromage blanc moins riche, utilisez du lait demi-écrémé et mélangez-le avec de la crème allégée. Pour obtenir un fromage blanc bien lisse, mixez le caillé égoutté quelques secondes à l'aide d'un mixeur plongeant avant d'y incorporer la crème.

Petit-suisse

PRÉPARATION : 10 MIN

REPOS : 48 H

ÉGOUTTAGE : 8 H

POUR 400 À 500 G DE PETIT-SUISSE

> 1 petit-suisse (60 g)
> 50 cl de lait entier pasteurisé
> 50 cl de crème liquide
> 4 cl de jus de citron ou 5 gouttes de présure

Dans un bol, mélangez le petit-suisse avec 5 cl de lait. Dans une casserole, faites chauffer le reste du lait avec la crème liquide jusqu'à ce que le mélange atteigne 40 °C. Hors du feu, ajoutez le contenu du bol et le jus de citron (ou la présure) ; mélangez délicatement, et peu, à l'aide d'une spatule. Couvrez la casserole d'un linge et laissez le lait reposer 48 heures à température ambiante.

Versez le lait caillé dans une passoire tapissée d'une mousseline. Laissez-le s'égoutter pendant 8 heures au réfrigérateur. Ce petit-suisse se conserve dans un pot hermétique, et au frais, pendant 3 jours.

Conseil : Pour obtenir des petits-suisses plus légers, utilisez de la crème allégée et du lait demi-écrémé. Ces petits-suisses seront plus fermes si vous les laissez s'égoutter 2 heures de plus.

PRESURE

Utilisez ce fromage dans des recettes sucrées ou salées, pour des tartes, des gâteaux, des gratins, etc. Attention, ne le laissez pas s'égoutter trop longtemps, car il risquerait d'être trop sec.

Brousse au lait de chèvre

PRÉPARATION : 20 MIN
ÉGOUTTAGE : 30 MIN

POUR 400 G DE BROUSSE ENVIRON

> 1 litre de lait de chèvre
> 5 g de sel
> 6 cl de vinaigre blanc

Dans une casserole, faites chauffer le lait avec le sel jusqu'à ce qu'il atteigne 90 °C. Ôtez la casserole du feu et laissez la température descendre à 70 °C.

Versez le vinaigre dans la casserole et remuez délicatement à l'aide d'une spatule. Laissez le lait reposer 10 minutes environ.

Tapissez d'une mousseline un chinois ou une passoire conique. Versez-y le lait caillé et laissez-le s'égoutter pendant 30 minutes environ, jusqu'à ce qu'il soit bien froid.

Retirez la mousseline avec le fromage de la passoire, puis retournez délicatement la brousse dans une assiette. Elle se conservera 3 jours au réfrigérateur.

Variante : Vous pouvez également préparer une brousse avec du lait de vache ou du lait de brebis.

On reconnaît le cottage cheese à ses grains souples et mous. Utilisez-le dans des préparations sucrées ou salées : cheesecake, pommes de terre farcies, tarte, tartines aux crudités, etc.

Cottage cheese

PRÉPARATION : 15 MIN

REPOS : 12 H

ÉGOUTTAGE : 12 H

POUR 500 G DE COTTAGE CHEESE

> 1 petit-suisse (60 g)
> 1 litre de lait entier pasteurisé
> 5 cl de jus de citron ou 4 gouttes de présure
> 2 cl de vinaigre blanc
> 200 g de crème fraîche épaisse
> 5 g de sel

Dans un bol, mélangez le petit-suisse avec 5 cl de lait. Faites chauffer le reste du lait avec le sel dans une casserole, jusqu'à ce qu'il atteigne 45 °C. Hors du feu, ajoutez le contenu du bol, le jus de citron (ou la présure) et le vinaigre ; mélangez délicatement, et peu, à l'aide d'une spatule. Couvrez la casserole d'un linge et laissez le lait reposer pendant 12 heures à température ambiante.

Versez le lait caillé dans une passoire tapissée d'une mousseline. Laissez-le s'égoutter pendant 12 heures au réfrigérateur.

Hachez grossièrement le caillé égoutté, puis mélangez-le dans un récipient avec la crème fraîche. Ce cottage cheese se conservera 3 jours au réfrigérateur.

Ricotta

PRÉPARATION : 10 MIN

REPOS : 1 H

ÉGOUTTAGE : 6 OU 7 H

POUR 400 À 500 G DE RICOTTA

> 1 litre de lait entier pasteurisé
> 100 g de crème fraîche épaisse + 1 grosse cuill. à soupe
> 1 cuill. à café rase de sel
> 5 cl de jus de citron ou 6 gouttes de présure

Dans une casserole, faites chauffer le lait avec la crème fraîche jusqu'à ce qu'il atteigne entre 75 et 80 °C. Hors du feu, ajoutez le sel et le jus de citron (ou la présure). Mélangez délicatement, et peu, à l'aide d'une spatule, puis laissez refroidir complètement pendant 1 heure environ ; le lait et la crème vont cailler.

Versez le mélange caillé dans une passoire tapissée d'une mousseline. Laissez-le s'égoutter pendant 6 ou 7 heures au réfrigérateur.

Incorporez au fromage la cuillerée de crème fraîche. Conservez la ricotta au frais et consommez-la dans les 3 jours.

Conseil : La ricotta étant légèrement friable, ne l'égouttez pas trop longtemps pour ne pas la rendre trop sèche.

Mascarpone

PRÉPARATION : 15 MIN

REPOS : 12 H

ÉGOUTTAGE : 24 H

POUR 400 G DE MASCARPONE

> 60 cl de crème liquide entière
> 2 cl de jus de citron

Dans une casserole, faites chauffer la crème jusqu'à ce qu'elle atteigne entre 80 et 85 °C. Ajoutez-y le jus de citron en mélangeant doucement à l'aide d'un fouet, à feu très doux. Laissez la casserole 2 minutes sur le feu en continuant de mélanger, puis ôtez-la du feu et laissez la crème refroidir.

Couvrez la casserole d'un linge et mettez-la au réfrigérateur pendant 12 heures. Au bout de ce temps, la crème va être épaissie. Versez-la alors dans une passoire tapissée d'une mousseline. Laissez-la s'égoutter au réfrigérateur pendant 24 heures.

Onctueux, ce mascarpone se conservera 3 ou 4 jours dans une boîte hermétique placée au réfrigérateur.

Utilisez le mascarpone pour réaliser des tiramisus, des tartes, des mousses, etc.

Ce fromage aurait été inventé à la fin du XIXe siècle dans un dépôt de lait, à Fontainebleau. Il se déguste en dessert, avec des coulis de fruits, des compotes, de la confiture, etc.

Fontainebleau

PRÉPARATION : 20 MIN

REPOS : 48 H

ÉGOUTTAGE : 6 H

POUR 500 G DE FONTAINEBLEAU ENVIRON

> 1 petit-suisse (60 g)
> 75 cl de lait entier pasteurisé
> 5 cl de jus de citron ou 6 gouttes de présure
> 20 cl de crème liquide entière, très froide

Dans un bol, mélangez le petit-suisse avec 5 cl de lait. Faites chauffer le reste du lait dans une casserole jusqu'à ce qu'il atteigne 40 °C. Hors du feu, ajoutez le contenu du bol, puis le jus de citron (ou la présure). Mélangez délicatement, et peu, à l'aide d'une spatule. Couvrez la casserole d'un linge et laissez le lait reposer 48 heures à température ambiante.

Versez le lait caillé dans une passoire tapissée d'une mousseline. Laissez-le s'égoutter au réfrigérateur pendant 6 heures.

Fouettez la crème liquide en chantilly bien ferme. Incorporez-la délicatement au caillé égoutté. Répartissez la préparation dans des pots.

Consommez le fontainebleau rapidement, dans les 2 jours, car, passé ce délai, la crème fouettée retombe.

Ces petits fromages sont délicieux arrosés d'un filet d'une huile parfumée ou mélangés aux fines herbes ciselées ou encore à des fruits secs (pistaches, noix) concassés.

Petit fromage de chèvre frais

PRÉPARATION : 10 MIN

REPOS : 24 H

ÉGOUTTAGE : 24 H

POUR 400 G DE FROMAGE

> 1 petit-suisse (60 g) ou 125 g de yaourt au lait de chèvre
> 1 litre de lait de chèvre
> 1 cuill. à café rase de sel fin
> 5 cl de jus de citron ou 6 gouttes de présure

Dans un bol, mélangez le petit-suisse (ou le yaourt) avec 5 cl de lait. Dans une casserole, faites chauffer le reste du lait, avec le sel, jusqu'à ce qu'il atteigne entre 35 et 40 °C. Hors du feu, ajoutez le contenu du bol et le jus de citron (ou la présure). Couvrez la casserole d'un linge et laissez le lait reposer 24 heures à température ambiante.

Versez le lait caillé dans une passoire tapissée d'une mousseline. Laissez-le s'égoutter pendant 15 minutes, puis répartissez le caillé dans quatre mini-faisselles (vous pouvez récupérer les égouttoirs des faisselles vendues dans le commerce). Placez celles-ci sur une grille, au-dessus d'une assiette. Laissez les fromages s'égoutter au moins 24 heures dans le réfrigérateur avant de les consommer. Ils se conserveront 3 jours dans le réfrigérateur.

Variante : Pour aromatiser le fromage, vous pouvez ajouter 1 ou 2 gousses d'ail coupées en deux dans le lait pendant que vous le faites chauffer. Retirez-les avant d'incorporer le petit-suisse et le jus de citron.

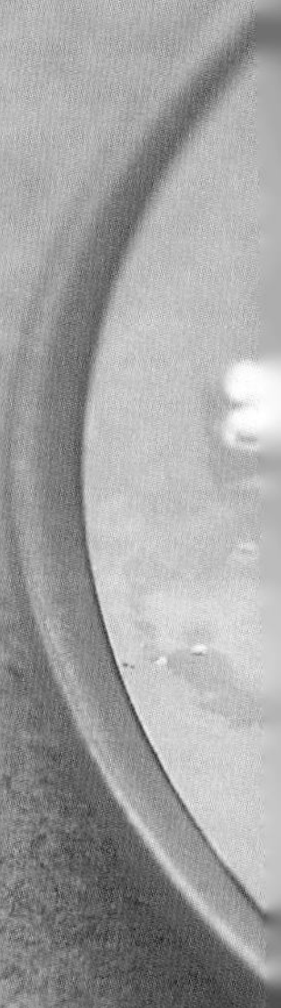

Préparé ici avec du fromage frais, ce classique de la cuisine grecque est traditionnellement fabriqué avec du yaourt grec au lait de brebis.

Tzatziki

PRÉPARATION : 30 MIN
RÉFRIGÉRATION : 2 H

POUR 4 PERSONNES

> 150 g de concombre
> 3 branches de coriandre
> 15 feuilles de menthe
> 1/2 bouquet de ciboulette
> 2 gousses d'ail
> 400 g de fromage blanc (voir p. 32)
> 5 cl d'huile d'olive
> sel et poivre du moulin

Épluchez le concombre et détaillez-le en petits cubes. Mettez ceux-ci dans une passoire avec un peu de sel ; laissez dégorger 20 minutes.

Pendant ce temps, lavez et ciselez la coriandre, la menthe et la ciboulette. Pelez et hachez les gousses d'ail.

Dans un grand bol, mélangez le fromage frais avec les herbes et l'ail, l'huile d'olive, les cubes de concombre dégorgé, un peu de sel et du poivre.

Laissez reposer le tzatziki au moins 2 heures au réfrigérateur. Servez-le avec des tranches de pain grillées, frottées à l'ail et à l'huile d'olive.

Variante : Vous pouvez ajouter des petits morceaux de poivrons grillés dans le tzatziki.

Variez les parfums en roulant les sucettes dans des épices différentes (carvi, cumin, paprika).

Trio de sucettes de chèvre frais

PRÉPARATION : 40 MIN
RÉFRIGÉRATION : 2 H

POUR 4 PERSONNES

> 60 g de cerneaux de noix
> 2 abricots séchés
> 2 figues séchées
> 2 gousses d'ail
> 30 g de crackers
> 3 cuill. à soupe de graines de pavot
> 1 bouquet de ciboulette
> 10 feuilles de basilic
> 50 g d'olives noires dénoyautées
> 1 grosse poignée de roquette
> 400 g de fromage de chèvre frais (voir p. 42)
> 1/2 cuill. à café de curry

Broyez les cerneaux de noix pour les réduire en poudre. Hachez les abricots et les figues. Pelez et hachez l'ail. Réduisez les crackers en poudre et mélangez-les avec le pavot. Lavez et ciselez la ciboulette et le basilic. Hachez les olives et la roquette.

Répartissez le fromage de chèvre dans trois récipients. Mettez les olives, la moitié des herbes et de la roquette dans le premier ; les fruits séchés et un tiers de noix dans le deuxième ; l'ail haché, le curry et la moitié du mélange crackers-pavot dans le troisième. Salez et poivrez, puis mélangez délicatement chaque préparation.

Formez des petites boules avec vos mains. Roulez les boulettes aux herbes dans le reste d'herbes et de roquette hachées, celles aux fruits séchés dans le reste de poudre de noix et celles au pavot dans le reste du mélange crackers-pavot.
Enfilez chaque boulette sur un bâtonnet en bois.

Placez les sucettes au réfrigérateur pour au moins 2 heures. Dégustez-les à l'apéritif ou servez-les en entrée, avec un mesclun et des petits toasts chauds.

Conseil : Pour pouvoir rouler les sucettes sans difficulté, égouttez soigneusement le fromage.

Verrines de fromage au sésame

PRÉPARATION : 10 MIN

CUISSON : 3 MIN

POUR 4 PERSONNES

> 30 g de sésame noir ou doré
> 150 g de fromage blanc (voir p. 32)
> 2 cuill. à soupe d'huile de sésame ou d'huile d'olive
> sel et poivre du moulin

Faites griller les graines de sésame dans une poêle chaude pendant 3 minutes ; laissez-les refroidir sur du papier absorbant. Mélangez le sésame grillé avec le fromage, l'huile de sésame, du sel et du poivre. Répartissez la préparation dans des verrines et réservez au frais jusqu'au moment de servir. Dégustez avec des gressins ou des crackers.

Verrines de fromage au curry

PRÉPARATION : 10 MIN

POUR 4 PERSONNES

> 1/2 petit piment rouge
> 1 gousse d'ail
> 150 g de fromage blanc (voir p. 32)
> 1 cuill. à soupe rase de curry en poudre
> sel

Hachez le piment, pelez et hachez l'ail. Mélangez-les avec le fromage, le curry et du sel. Répartissez la préparation dans des verrines et réservez au frais jusqu'au moment de servir. Dégustez avec des bâtonnets de carotte ou de concombre.

Verrines de fromage au poivron et au piment

PRÉPARATION : 15 MIN

POUR 4 PERSONNES

> 1 poivron rouge
> 1 poivron vert
> 150 g de fromage blanc (voir p. 32)
> 1 cuir. à café de piment doux en poudre ou de paprika
> sel

Lavez les deux poivrons et épluchez-les à l'aide d'un épluche-légumes. Retirez les graines et les filaments blancs. Détaillez le quart de la chair en julienne (petits bâtonnets) et le reste en dés. Mélangez les dés de poivrons avec le fromage, le piment (ou le paprika) et du sel. Répartissez la préparation dans des verrines, déposez un peu de julienne de poivron dessus. Réservez au frais jusqu'au moment de servir. Proposez ces verrines avec des toasts à la tapenade.

Verrines de fromage aux herbes

PRÉPARATION : 15 MIN

POUR 4 PERSONNES

> 2 gousses d'ail
> 1 bouquet de cerfeuil
> 1 bouquet d'estragon
> 1 bouquet de persil
> 1/2 bouquet de ciboulette
> 150 g de fromage blanc (voir p. 32)
> sel et poivre du moulin

Pelez et hachez l'ail. Lavez et ciselez le cerfeuil, l'estragon, le persil et la ciboulette. Mélangez ail et herbes avec le fromage, du sel et du poivre. Répartissez ce mélange dans des verrines et réservez au frais jusqu'au moment de servir. Vous pouvez les déguster avec des bretzels.

Coupés en deux, ces crostinis sont excellents à l'apéritif. Accompagnés d'une salade, ils deviendront une belle entrée.

Crostinis de chèvre frais

PRÉPARATION : 20 MIN

CUISSON : 30 MIN

POUR 4 PERSONNES

> 2 oignons
> 3 cuill. à soupe d'huile d'olive
> 3 cuill. à soupe de vinaigre balsamique
> 1 cuill. à soupe de cassonade
> 2 grosses tomates
> 2 pains ciabattas individuels
> 250 g de fromage de chèvre frais (voir p. 42)
> sel et poivre du moulin

Pelez et émincez les oignons. Faites-les fondre dans une poêle pendant 15 minutes à feu moyen avec la moitié de l'huile d'olive. Ajoutez le vinaigre et la cassonade, et faites compoter encore 10 minutes à feu doux. Laissez refroidir.

Préchauffez le four à 210 °C (therm. 7).

Lavez les tomates et détaillez-les en tranches. Coupez les pains en deux dans l'épaisseur. Déposez-les sur une plaque de four recouverte de papier sulfurisé. Répartissez les oignons confits et les tranches de tomate sur chaque demi-ciabatta. Déposez des morceaux de fromage sur les tomates ; salez, poivrez, puis arrosez avec le reste de l'huile d'olive.

Enfournez et faites griller les ciabattas quelques minutes sous le gril. Servez aussitôt, avec des crudités.

Variante : Remplacez les oignons confits par un chutney de figues ou de mangues.

Une délicieuse recette pour un petit déjeuner complet ou un brunch.

Fromage blanc au muesli, framboises tièdes au miel

PRÉPARATION : 10 MIN

CUISSON : 3 MIN

POUR 4 PERSONNES

> 4 cuill. à soupe de miel liquide
> 200 g de framboises fraîches
> 500 g de fromage blanc (voir p. 32)
> 150 g de muesli aux fruits rouges, traditionnel ou « crispy »

Portez à ébullition le miel dans une poêle. Ajoutez les framboises et laissez-les cuire 2 minutes à feu vif, en agitant la poêle, puis laissez-les refroidir.

Mélangez le fromage blanc avec le muesli dans un récipient. Ajoutez la moitié du sirop de cuisson des framboises. Répartissez le fromage au muesli dans des bols.

Au moment de servir, faites tiédir les framboises dans la poêle pendant 1 minute, puis versez-les sur le fromage. Dégustez aussitôt, sinon les céréales risquent de s'imbiber et de ne plus être croustillantes.

sunflower seeds,
and toasted cereals

Un dessert frais et acidulé. Pour les enfants, remplacez le rhum par 5 cl de lait de coco.

Faisselle à l'ananas et au pain d'épice

PRÉPARATION : 20 MIN
CUISSON : 20 MIN

POUR 4 PERSONNES

> 1/2 ananas Victoria
> 3 cuill. à soupe de sirop de sucre de canne
> 40 g de cassonade
> 1 cuill. à soupe de rhum brun
> 2 pincées de cannelle
> 6 tranches de pain d'épice légèrement rassies
> 400 g de faisselle égouttée (voir p. 28)
> 2 cuill. à soupe de sucre glace

Épluchez l'ananas, retirez les « yeux » et le cœur fibreux. Coupez la chair en morceaux. Mettez ceux-ci dans une casserole avec le sirop de sucre, la cassonade, le rhum et la cannelle. Faites-les cuire de 15 à 20 minutes, à feu moyen, en remuant de temps en temps.

Préchauffez le gril du four. Retirez la croûte des tranches de pain d'épice. Taillez chaque tranche en deux ou trois dans la longueur. Saupoudrez ces morceaux de sucre glace et déposez-les sur une plaque recouverte de papier sulfurisé. Faites-les griller 2 ou 3 minutes.

Au moment de servir, répartissez la faisselle et la compotée d'ananas dans des coupelles. Dégustez aussitôt, avec les croustillants de pain d'épice.

Variante : Vous pouvez cuire l'ananas en y ajoutant 10 cl de lait de coco.

C'est avec différents fruits rouges que le fontainebleau est le plus souvent dégusté. L'association avec la fraise est classique. Quant aux pralines roses, elles apportent un croquant très agréable.

Fontainebleau à la compotée de fraises et aux pralines roses

PRÉPARATION : 15 MIN

CUISSON : 5 MIN

POUR 4 PERSONNES

> 60 g de pralines roses
> 250 g de fraises
> 10 cl de sirop de cassis
> 400 g de fontainebleau (voir p. 40)

Concassez grossièrement les pralines roses. Lavez les fraises, équeutez-les, puis coupez-les en quartiers.

Dans une poêle, portez à ébullition le sirop de cassis pendant 3 minutes pour le rendre légèrement sirupeux. Ajoutez les fraises et la moitié des pralines roses ; laissez compoter 2 minutes à feu moyen.

Répartissez le fontainebleau dans des coupelles et déposez dessus les fraises encore tièdes. Nappez avec le sirop de cuisson, puis parsemez du reste de pralines roses. Dégustez aussitôt.

Variante : Remplacez le sirop de cassis par de la crème de cassis alcoolisée ou de la liqueur de fraises des bois.

Ce dessert est comme un tiramisu en version rapide. Dégustez-le très frais.

Mousse de mascarpone aux amarettis et au sirop de citron

PRÉPARATION : 25 MIN

CUISSON : 5 À 7 MIN

RÉFRIGÉRATION : 2 H

POUR 4 PERSONNES

> 15 cl de jus de citron
> 180 g de sucre en poudre
> 20 cl de crème liquide entière, très froide
> 250 g de mascarpone (voir p. 38)
> 8 amarettis moelleux

Mettez le jus de citron et le sucre dans une casserole et faites-les cuire de 5 à 7 minutes, à feu moyen, pour obtenir un sirop légèrement épais. Laissez refroidir. Fouettez la crème en chantilly ferme.

Dans un saladier, mélangez le mascarpone et la moitié du sirop. Incorporez-y délicatement la chantilly.

Émiettez la moitié des amarettis et répartissez-les au fond de quatre verres. Imbibez-les avec un peu de sirop. Versez la moitié de la mousse dans les verres, ajoutez le reste des amarettis émiettés, remettez du sirop, puis recouvrez avec la mousse.

Placez les verres au réfrigérateur pour 2 heures au moins avant de les servir pour que les biscuits soient bien imbibés de sirop au citron.

Variante : Remplacez la moitié du jus de citron par du limoncello (liqueur à base de zeste de citron).

CRÈMES

Fondante, cette panna cotta sera encore plus gourmande si vous la servez avec des petits sablés à la noix de coco.

Panna cotta aux petits-suisses et coulis de mangue

PRÉPARATION : 20 MIN
RÉFRIGÉRATION : 5 OU 6 H

POUR 4 À 6 PERSONNES

> 2 feuilles de gélatine
> 50 cl de crème liquide entière
> 170 g de sucre en poudre
> 1 gousse de vanille
> 250 g de petits-suisses (voir p. 32)
> 200 g de mangue bien mûre
> le jus de 1 citron vert
> 10 cl de jus d'ananas

Faites tremper la gélatine dans de l'eau froide pour la faire ramollir.

Dans une casserole, portez à ébullition la crème avec 110 g de sucre et la gousse de vanille fendue en deux, dont vous aurez gratté les graines. Hors du feu, ajoutez la gélatine essorée, mélangez, puis laissez refroidir en laissant la gousse de vanille infuser dans la crème.

Retirez la gousse de vanille et mélangez délicatement la crème avec les petits-suisses. Versez la préparation dans quatre ou six ramequins (ou dans des verres). Placez ceux-ci au réfrigérateur pendant 5 ou 6 heures pour faire prendre la panna cotta.

Épluchez la mangue et coupez la chair en morceaux. Dans un saladier, mélangez-la avec le reste du sucre, le jus de citron vert et le jus d'ananas. Mixez à l'aide d'un mixeur plongeant pour obtenir un coulis. Gardez le coulis au frais.

Au moment de servir, passez les ramequins rapidement sous l'eau chaude, puis démoulez délicatement les panna cotta dans les assiettes. Servez bien frais, avec le coulis de mangue.

Variante : Incorporez à la panna cotta encore liquide 150 g de mangue coupée en petits cubes avant de la verser dans les ramequins.

Dégustez ce gâteau bien frais, en l'accompagnant, par exemple, d'une confiture de cerises que vous aurez fait légèrement tiédir.

Gâteau moelleux à la ricotta

PRÉPARATION : 15 MIN
CUISSON : 25 MIN

POUR 4 À 6 PERSONNES

> 4 œufs
> 1 citron
> 150 g de sucre en poudre + 20 g pour le moule
> 400 g de ricotta (voir p. 38)
> 8 sablés au citron
> une pincée de sel
> 10 g de beurre pour le moule

Préchauffez le four à 180 °C (therm. 6). Beurrez et sucrez un moule à manqué de 20 cm de diamètre.

Cassez les œufs en séparant les blancs des jaunes. Lavez le citron et râpez finement son zeste.

Dans un saladier, mélangez les jaunes d'œufs avec 130 g de sucre jusqu'à ce qu'ils blanchissent. Ajoutez le fromage et le zeste de citron.

Écrasez grossièrement les sablés. Montez les blancs d'œufs en neige bien ferme avec la pincée de sel. Incorporez-les délicatement, en même temps que les sablés, à la préparation au fromage. Versez la pâte dans le moule et enfournez pour 25 minutes. À mi-cuisson, saupoudrez la surface du gâteau avec 20 g de sucre. Sortez le gâteau du four, laissez-le refroidir avant de le déguster.

Variante : Ce gâteau peut aussi être réalisé avec de la brousse (voir p. 34).

TABLE DES ÉQUIVALENCES FRANCE-CANADA

POIDS

55 g	2 onces	200 g	7 onces	500 g	17 onces
100 g	3 onces	250 g	9 onces	750 g	26 onces
150 g	5 onces	300 g	10 onces	1 kg	35 onces

Ces équivalences permettent de calculer le poids à quelques grammes près (en réalité, 1 once = 28 g).

CAPACITÉS

25 cl	1 tasse	75 cl	3 tasses
50 cl	2 tasses	1 l	4 tasses

Pour faciliter la mesure des capacités, une tasse équivaut ici à 25 cl (en réalité, 1 tasse = 8 onces = 23 cl).

Direction éditoriale Delphine Blétry
Édition Ewa Lochet
Direction artistique Emmanuel Chaspoul
Mise en page Martine Debrais
Lecture-correction Sylvie Porté
Couverture Véronique Laporte
Fabrication Annie Botrel

L'auteur remercie LAGRANGE pour la yaourtière et DEBUYER pour les accessoires de cuisine.

ISBN 978-2-03-585970-9

Photogravure Turquoise, Émerainville
Imprimé en Espagne par Graficas Estella, Estella
Dépôt légal : mai 2011
306756/01 – 11014369 février 2011